Instagram Marketing

Täglich 100+ neue Follower und Fans. Werde bekannt, erfolgreich und beliebt auf Instagram

Daniel Baum

1. Auflage

ISBN: 1547054379
ISBN-13: 9781547054374

INHALT

KAPITEL 1
EINLEITUNG

Seit Jahr und Tag sind Unternehmen auf der Suche nach Möglichkeiten, ihre Produkte oder Dienstleistungen möglichst effektiv an den Mann oder die Frau zu bringen. Gute Werbestrategien sind daher ein elementarer Bestandteil jedes erfolgreichen Unternehmens und die Frage nach den effizientesten und einträglichsten Methoden, die eigenen Produkte zu bewerben, kennt vielerlei Antworten. Der Weg, den Ihre Firma werbetechnisch beschreiten sollte, hängt von einer Reihe verschiedener Faktoren ab. Zu vielschichtig sind die unterschiedlichen Märkte, zu komplex (und manchmal kaum zu durchschauen) sind die Zusammenhänge zwischen Zielgruppe und

Werbestrategie, als dass es den einen heiligen Gral geben könnte, der werbetechnisch alle Fragen beantwortet.

Der Ausbau und die wachsende Popularität des Internets in den letzten 20-25 Jahren haben der Werbebranche ganz neue Möglichkeiten eröffnet. Plötzlich konnte mit einer Werbekampagne mit vergleichsweise bescheidenen Mitteln in kürzester Zeit eine große Masse an potentiellen Kunden erreicht werden. Durch Konzerne wie Google und Facebook ist die Sparte der Werbung via Internet forciert worden. Die oftmals kontrovers diskutierte Auswertung von Kundendaten hat dazu geführt, dass Werbung nun individualisiert und maßgeschneidert auf eine genau umrissene Klientel erheblich effektiver gestaltet werden kann. Doch auch die Werbewirksamkeit eines eigenen Firmenprofils in den sozialen Netzwerken ist mittlerweile unbestritten. Hatte Mark Zuckerbergs bahnbrechende Idee den Stein einst ins Rollen gebracht, so haben sich inzwischen einige weitere Erfolgsgeschichten in die Riege der Social Networks eingereiht. In diesem

Zusammenhang kommt man an Instagram heute nicht mehr vorbei. Ein kaum zu vergleichender Siegeszug hat dieses Unternehmen innerhalb weniger Jahre in den Olymp der Werbewirksamkeit katapultiert. Viele Konzerne setzen mittlerweile auf eine Verbreitung ihres Firmenauftritts via Instagram. Das folgende E-Book soll Ihnen eine Art Guide an die Hand geben. Einen Ratgeber, der Ihnen die Grundlagen des Marketings über Instagram näher bringen und hilfreiche Tipps vermitteln soll. Wenn Sie sich also mit dem Gedanken tragen, eine werbetechnisch relevante Plattform für Ihr Unternehmen zu suchen, sollten Sie diese Lektüre genau studieren.

Viel Spaß beim Lesen!

KAPITEL 2
WAS IST INSTAGRAM?

Bevor wir uns den unterschiedlichen Werbestrategien über Instagram widmen, sollten wir uns zunächst einmal vor Augen führen, mit wem wir es hier zu tun haben. Was genau verbirgt sich hinter dem Branchen-Primus? Bei Instagram handelt es sich um ein Online-Portal zum Teilen von Bildern und kurzen Videos. Im Jahr 2010 trat dieser von Kevin Systrom und Mike Krieger programmierte Dienst durch Veröffentlichung im App-Store zum ersten Mal in Erscheinung. Doch erst, als das Programm Anfang des Jahres 2012 auch für Android-Systeme verfügbar wurde, begann die beispielslose Erfolgsgeschichte des bekannten Foto-Dienstes. Facebook-Gründer Mark

Zuckerberg erkannte das Potential des Online-Dienstes und gab kurz darauf bekannt, Instagram für die Rekordsumme von 1 Milliarde U.S.-Dollar erwerben zu wollen.

Auch wenn letztendlich eine etwas geringere Summe ausgehandelt wurde, gab es nicht Wenige, die ob der immer noch stattlichen Summe von weit über 700 Mio. Dollar für einen Fotodienst den Kopf schüttelten. Zuckerbergs Näschen erwies sich jedoch einmal mehr als mindestens so wertvoll wie das eines Trüffelschweins. Führt man sich allerdings die Zahlen vor Augen, die Instagram schon bald aufbieten könnte, muss man konstatieren, dass vermutlich kein Trüffelschwein jemals so wertvolle Trüffel erschnuppert hat. Hatte Instagram Ende des Jahres 2010 noch 1 Million registrierte Nutzer, so wuchs deren Zahl im Laufe der 6,5 Jahre bis zum heutigen Tag auf sagenhafte ca. 700 Mio. User. In der Welt der sozialen Netzwerke ein wahrer Donnerschlag. Damit ist der Online-Riese Objekt der Begierde für allerlei Unternehmen, um sich diese gigantische Reichweite für Ihre Dienstleistungen oder Produkte zunutze zu machen. Instagram ist nach aktuellem Stand eine der begehrtesten Plattformen, auf denen sich Firmen verschiedenster Art mit allen erdenklichen Angeboten positionieren möchten und ein Ende der Fahnenstange ist nicht in Sicht.

KAPITEL 3
WARUM ÜBER INSTAGRAM WERBEN?

Werbung steht also auf Reichweite. Doch weshalb sollte ein Unternehmen ausgerechnet Instagram wählen, wo es doch auch andere Möglichkeiten gibt, über eine hohe Reichweite möglichst viele Leute zu erreichen? Allen voran über die üblichen Verdächtigen wie beispielsweise Google oder Facebook. Einer der Gründe ist sicherlich die aktuell überwältigende Beliebtheit des Netzwerks. Instagram ist in, Instagram ist trendy und Instagram ist momentan in aller Munde. Stars und Sternchen breiten quasi ihr gesamtes Leben in Bildform auf dem Foto-Netzwerk für jedermann sichtbar aus. Jedes Unternehmen möchte deshalb natürlich gerne auf den

Popularitätszug aufspringen. Zudem bietet sich Instagram regelrecht für sogenanntes visuelles Branding und Storytelling an. Die Hashtags spielen dabei eine nicht unerhebliche Rolle, da über diese die Einordnung nach Themenfeldern vorgenommen wird.

KAPITEL 4
DIE DREI SÄULEN DES MARKETINGS PER INSTAGRAM

Zusammenfassend kann man das Marketing über Instagram grob in drei Kategorien unterteilen. Zum einen wäre da das sogenannte Influencer-Marketing, die Unterstützung durch Blogger und das Bauen auf Social-Media-Influencer

Influencer-Marketing

Während das sogenannte Influencer-Marketing in den USA schon als relativ neue Form der Marketingstrategie gefeiert wird, führt es hierzulande (noch) ein Schattendasein. Bei dieser Marketingform handelt es sich um eine Vorgehensweise, die sich einerseits den Einfluss bzw. die Reichweite relevanter Meinungsmacher zu Nutze macht und zudem auf sogenannte Multiplikatoren setzt. Blogger spielen bei dieser Strategie als Influencer zum anderen ebenfalls eine zentrale Rolle, da diese im Social-Network-Zeitalter durch ihre teils enorme Reichweite einen erheblichen Einfluss darauf haben, wie bestimmte Produkte oder Dienstleistungen wahrgenommen werden.

Bekannten Bloggern mit sehr großer Anhängerschaft kommt hierbei eine wichtige Bedeutung zu. Die Art und Weise, wie diese ein Produkt auf ihrem Blog öffentlich darstellen, kann für Unternehmen unter Umständen einen Unterschied von mehreren Millionen Euro im Umsatz mit entsprechendem Produkt ausmachen. Ob der berühmte Blogger seinen Daumen im Stile von Julius Cäsar nun hebt oder senkt, ist hier von signifikanter Bedeutung. Doch als Influencer gilt nicht nur der Blogger, der über bestimmte Produkte bloggt. Jeder, der in irgendeiner Form bei seinem Auftritt in sozialen Netzwerken eine große Anhängerschaft hinter sich hat, ist ein potentieller Influencer.

Die Heerschaar an Followern vertraut ihm und richtet ihr Kaufverhalten nicht selten nach dessen Vorbild und Darstellung aus. Instagram-User mit einer bestimmten Gefolgschaft haben für gewöhnlich ein überdurchschnittliches Gefühl für Ästhetik. Sie wissen, wie man bestimmte Sachverhalte effektvoll in Szene setzt und wie Emotionen mit Bildern transportiert werden. Das prädestiniert sie förmlich dazu, eine gewisse Markenstrategie zu vermitteln und einem Unternehmen dadurch zu höheren Gewinnen zu verhelfen. Somit dürfte die Zielvorgabe beim Influencer-Marketing klar abgesteckt sein. Es gilt, die Gunst eines Influencers (beispielsweise eines Bloggers) zu gewinnen, ihn zu einer Art Markenbotschafter zu machen und damit seine Follower in potentielle Käufer zu verwandeln. Doch dies ist leichter gesagt als getan. Große Unternehmen beschäftigen ganze Abteilungen damit, in der mittlerweile weit verzweigten Welt der sozialen

Netzwerke die richtigen Influencer für ein bestimmtes Produkt zu finden, diese zu kontaktieren und mit ihnen eine wie auch immer geartete Übereinkunft auszuhandeln. Die Kategorie der Influencer kann im Grunde in drei Gruppen eingeteilt werden.

Die Blogger

Ein überwältigend großer Anteil der Influencer betreibt einen oder mehrere Blogs verschiedenster Art. Da in Blogs meist bestimmte Erfahrungsberichte vermittelt werden, geht der Werbeeffekt über einen schnöden Werbespot hinaus. Blogger verpacken Produkte in sogenanntes Storytelling, wodurch eventuelle Empfehlungen sehr viel authentischer wirken. Jeder Follower, der diesen Beitrag nun teilt, gibt dem Unterfangen durch seine individuelle Reichweite eine weitere große Bühne. Dieser wird dann geteilt durch Freunde des Followers, deren Freunde dies dann womöglich ebenfalls auf ihren Seiten posten. So kann für die werbenden Unternehmen eine Art lukrativer Dominoeffekt entstehen.

Der Social-Media-Influencer

Während Blogger meist eine separate Website haben, auf der sie ihre Inhalte verbreiten, sind als sogenannte Social Media Influencer eher Personen gemeint, die auf allen erdenklichen Social-Network-Plattformen wie Facebook, Twitter, Youtube oder eben Instagram durch Kommentare, Repostings, Beiträge und ähnliches ebenfalls einen relativ großen Personenkreis (die Follower) in eine bestimmte Richtung beeinflussen können.

Redaktionen/Journalisten

Journalisten haben seit jeher einen großen Einfluss darauf, wie bestimmte Sachverhalte oder Produkte wahrgenommen werden. Sie können die Leser ihrer Artikel in eine bestimmte Richtung lenken. Journalisten sind oft Meinungsmacher und genießen damit als Influencer einen hohen Stellenwert. Zudem betreiben diese auch meist selbst Blog-Seiten, wo sie mit ihrer Expertise als Referenz ebenfalls die Leser in eine bestimmte Richtung manipulieren können….

Diese drei Kategorien sind es, in die sich der Oberbegriff „Influencer" einteilen lässt. Allerdings sind auch hier die Grenzen fließend und oftmals überschneiden sich diese Gruppen. So sind beispielsweise viele klassische Blogger auch bei Facebook, Youtube usw. unterwegs, Journalisten treten selbst als Blogger in Erscheinung, die womöglich sogar Mitarbeiter oder Kunde sind und umgekehrt. Das Feld der Influencer ist also trotz der Definitionen der einzelnen Untergruppen recht unübersichtlich und bunt gemischt, weshalb es einer wahren Wissenschaft gleich kommt, den passenden Influencer für die eigenen Zwecke herauszupicken, zu kontaktieren und für sich zu gewinnen.

Unternehmensaccount und Communitymanagement

Bei der zweiten Möglichkeit der Positionierung geht es darum, ein individuelles Profil des Unternehmens anzulegen. Einige hilfreiche Features auf einem

Account für Unternehmen sind die Hinterlegung bestimmter Kontaktdaten. Von SMS, Telefonnummer, E-Mail-Adresse bis zur Angabe der Geschäftsadresse inklusive Wegbeschreibung. Die Möglichkeiten, bestimmte Sachen zur Kontaktaufnahme auf dem Unternehmensprofil anzugeben, sind recht vielfältig. Ein weiteres hilfreiches Werkzeug zur Auswertung der Interaktionen auf dem Unternehmensaccount sind die Statistiken zu den Klickzahlen, den Followern und der Reichweite.

Grundsätzlich gilt, um eine bestimmte Fanbase aufzubauen ist es unabdingbar, dass die beworbenen Dienstleistungen oder Produkte in einer optisch ansprechenden Form dargestellt werden. Beim Community Management liegt der Fokus auf der Kundenbindung und dem Generieren von Reichweite. Die Bekanntheit des eigenen Brands soll hier natürlich ebenfalls gesteigert werden. Um Ihnen ein möglichst genaues Bild von der Intention des Aufbaus eines Community Managements zu vermitteln, möchten wir an dieser Stelle den Bundesverband für Community Management zitieren, der dies wie folgt definiert:

„Community Management ist die Bezeichnung für alle Methoden und Tätigkeiten rund um Konzeption, Aufbau, Leitung, Betrieb, Betreuung und Optimierung von virtuellen Gemeinschaften sowie deren Entsprechung außerhalb des virtuellen Raumes. Unterschieden wird dabei zwischen operativen, den direkten Kontakt mit den Mitgliedern betreffenden, und strategischen, den übergeordneten Rahmen betreffenden, Aufgaben und Fragestellungen."

Beim Community Management per Instagram wird meist ein Forum integriert, welches natürlich einer Moderation bedarf. Hier kann beispielsweise mit bestimmten Aktionen die Kundenbindung forciert werden. Auf diesem Weg ergeben sich auch nicht selten Kontakte zu Influencern, die zunächst nur als Unterstützer in einem Forum in Erscheinung treten, sich aber nach und nach als einflussreiche Influencer herauskristallisieren.

Instagram-Advertising

Wie auf den meisten anderen Internetseiten, können Firmen auch auf Instagram gegen Bezahlung Werbeanzeigen schalten. Per Facebook können hier Anzeigen erstellt werden, was die Nutzung der gleichen Targeting-Tools erlaubt, die man auch für eine Anzeige auf Facebook verwenden kann. Durch die hohe Popularität von Instagram ergibt sich dadurch ein sehr hoher Werbeeffekt.

KAPITEL 5
UNTERSCHIEDLICHE STRATEGIEN

Die eigenen Produkte sprechen lassen

Bei dieser Strategie geht es in erster Linie darum, die Produkte in den Fokus der Aufmerksamkeit zu rücken. Hier ist es wichtig, nicht allein das Produkt zu präsentieren, sondern eine kleine Geschichte damit in Verbindung zu bringen. Dabei wird ein bestimmter erstrebenswerter Lifestyle suggeriert, der den Besitz der eigenen Produkte voraussetzt. In ist, wer drin ist gewissermaßen. Die Community wird dabei als ein elitärer Kreis angepriesen und die Zugehörigkeit zu diesem verspricht ein höheres Maß an Lebensqualität. Der Erwerb der Produkte ist quasi die Eintrittskarte in die „bessere“ Welt der Community. Man gehört nun dazu, man kann jetzt mitreden. Durch das strategisch clevere Posten von qualitativ hochwertigen Bilder, die bestimmte Begehrlichkeiten wecken sollen, werden neue Mitglieder angelockt. Besonders beliebt ist eine solche Vorgehensweise bei Unternehmen in der Modebranche. Nike beispielsweise betreibt diese Methode vorbildlich. Mit dieser Vorgehensweise wird eine Gemeinschaft gebildet, eine Community von potentiellen Kunden und/oder Influencern, die für das Unternehmen bares Geld wert ist. Deshalb sollte nichts dem Zufall überlassen werden und die Zusammenarbeit mit Profis im Bild- und Contentbereich bietet hier einen enormen Mehrwert.

Der Kunde als Unterstützer

In einem Zeitalter, in dem eine Sekretärin die Berufsbezeichnung „Office Managerin“ trägt oder ein Postbote als „Mail Carrier“ auftritt, gibt es natürlich auch für diese Methode einen englischen Begriff. User Generated Content heißen also die Zauberworte, die dafür stehen, dass Unternehmen ihre Kunden als

Markenbotschafter und Unterstützer in den Werbekreislauf einbinden. Als trendy und in zu gelten, ist für viele Unternehmen ein regelrechter Umsatzturbo. Dies zu erreichen, ist das erklärte Ziel der meisten Marken. Die potentiellen Kunden sind dabei selbst ein kleiner Teil einer großen Marketingmaschinerie. Nachgewiesener Maßen tendieren Kunden eher zu einem Produkt, mit welchem einer ihrer Freunde oder Bekannten bereits positive Erfahrungen gemacht hat.

Der Kunde tritt hier also als Markenbotschafter auf. Was viele Menschen tragen ist hipp und weil viele Menschen hipp sein wollen, tragen es auch viele, weshalb es wiederum hipp ist. Ein Kreislauf der Begehrlichkeiten sozusagen. Der Freund trägt eine bestimmte Marke, weil er damit zufrieden ist, also trage ich diese Marke im Zweifelsfall auch, weil mein Freund für mich vertraut und glaubwürdig ist. Jetzt tragen es also bereits zwei Freunde, weshalb sich dem Dritten der Verdacht aufdrängt, dass es wohl in und hipp sein muss, wenn es schon zwei seiner guten Freunde tragen. Also trägt er es auch. Dann kommt ein weiterer Freund um die Ecke und…, den Rest können Sie sich denken. So in etwa ist der Gedankengang bei der Strategie, den Kunden als Unterstützer einzubinden.

Und das Beste ist, die Kunden kosten kein Geld, wie etwa teure Werbekampagnen, ganz im Gegenteil. Sie geben sogar noch Geld dafür aus, ein bestimmtes Produkt zu benutzen und werben damit in ihrem Umkreis unbewusst dafür. Voraussetzung dafür ist natürlich, dem Kunden zu suggerieren, er gehöre einem elitären Kreis an, wenn er sich für dieses Produkt entscheidet. Auch qualitativ muss beispielsweise der getragene Schuh gewissen Ansprüchen genügen, weil sich der Effekt andernfalls ins Gegenteil verkehrt. Stellen Sie sich vor, sie kaufen sich einen Schuh, bei dem nach einem Monat (überspitzt gesagt) die Sohle abfällt. Diese Marke werden Sie sicher nicht nur niemandem empfehlen, Sie werden Ihren Freunden regelrecht davon abraten. Die Vorzüge einer solchen Werbung sind offensichtlich. Die Glaubwürdigkeit der vermeintlichen Markenbotschafter bei ihren Freunden und Bekannten, die geringen Kosten im Vergleich zu einer teuren Kampagne in den Medien und eine Kundenbindung durch Interaktion des Verbrauchers mit dem Unternehmen. Besonders rein optisch müssen die Produkte hierfür allerdings etwa hermachen, denn bei Instagram wird für gewöhnlich nur fotografiert, was gut aussieht.

Die Hashtags

Eine weitere beliebte Strategie zur Generierung von Followern ist der sogenannte Hashtag. Jeder kennt das berühmte Symbol „#" und jeder weiß, dass es besonders in den sozialen Medien überaus häufig zum Einsatz kommt. Der Kurznachrichtendienst Twitter hat die Hashtags einst salonfähig gemacht und mittlerweile haben diese die Social Networks regelrecht überflutet. Doch was genau ist überhaupt ein Hashtag und wozu wird er verwendet? Darüber herrscht oftmals noch ein wenig Unklarheit. Deshalb hier zunächst einmal eine kleine Erklärung. Ein sogenannter Hashtag ist ein Doppelkreuz bzw. eine

Raute (#), auf welche eine Art Stichwort folgt. Den Namen verdankt der Hashtag aus einer Zusammensetzung von zwei Wörtern.

Zum einen hätten wir da die englische Bezeichnung für das Doppelkreuz (hash) und auf der anderen Seite das Synonym für ein „Stichwort" (tag). Die Verschmelzung dieser beiden Begriffe war also die Geburtsstunde des allseits bekannten Hashtags. Mit Hilfe eines Hashtags lässt sich ein Beitrag in den Social Networks quasi mit einem speziellen Keyword versehen, welches thematisch zum Posting passen sollte. Dies vereinfacht die Suche und Zuweisung bestimmter thematischer Kategorien. Wenn Sie nun also Ihre Beiträge mit bestimmten Hashtags versehen, werden diese angezeigt, sobald jemand nach eben genau diesem Stichwort sucht. Mit der Wahl geschickt ausgesuchter Stichworte (also Hashtags) lässt sich hier eine neue Anhängerschaft generieren, die Sie ansonsten eventuell nie erreicht hätten.

Ein Paradebeispiel für die effektive Verwendung von

Hashtags ist beispielsweise der Initiator dieser Methode selbst. Der Online-Riese Twitter beweist hier einmal mehr sein gutes Näschen für Trends und hilfreiche Marketing-Instrumente. Bei Twitter ist man nämlich mittlerweile dazu übergegangen, für die Feststellung aktuell überdurchschnittlich beliebter Themen den Reiter „Trends“ zu benutzen. Bei diesem Hashtag ist eine Filterung sowohl global als auch regional möglich. Aktuellen Themen wird hier umgehend ein spezieller Tweet zugeordnet. Sogar mit eher verrufenen Sendeformaten wie „Ich bin ein Star – holt mich hier raus“ funktioniert das Marketing via Hashtags regelrecht vorbildlich. Die Verlinkungen und Verknüpfungen durch den Hashtag „ibes“ (Ich bin ein Star…) bescherten der Sendung einen der oberen Plätze bei den diskutierten Themen in den sozialen Medien. Hier ist die Rechnung mit dem Marketing per Hashtags also voll aufgegangen und darf als Blaupause für die Möglichkeiten, Inhalte mit Hilfe der kleinen Raute zu verbreiten, angesehen werden. Auch Levis Deutschland ist ein gutes Beispiel dafür, wie mit Hilfe der Hashtags Inhalte äußerst effektiv verbreitet werden können. Der Hashtag

#makebikeportraits hat dem Unternehmen bereits mehr als 6000 Instagram-User beschert, die Bilder mit diversen Fahrrädern in Verbindung mit diesem Stichwort gepostet haben.

Verknüpfungen mit anderen Social Networks

Ob, Facebook, Twitter oder Andere. Die meisten Unternehmen sind auf mehreren dieser sozialen Netzwerke vertreten. Ein Schritt, der sich förmlich anbietet. Schließlich hat jedes dieser Online-Portale eine riesige Anhängerschaft und die Präferenzen derer, die Social Networks nutzen, sind völlig unterschiedlich gewichtet. Während der Eine vorwiegend auf Facebook unterwegs ist, bevorzugt der Andere eher Twitter und der Nächste hat seinen Fokus womöglich auf Instagram gelegt. Doch eins haben all diese Anbieter gemeinsam. Sie haben eine gigantische Gefolgschaft hinter sich, die diese Netzwerke zu idealen Plattformen für Werbung macht. Es wäre also töricht bis regelrecht fahrlässig, diese Chancen nicht mit in die eigene Werbestrategie einzubeziehen. Das Zauberwort in diesem Fall heißt

„Crossmedia".

Was verbirgt sich jedoch hinter diesem Begriff? Nun, im Grunde genau das, was der Name bereits vermuten lässt. Crossmedia steht in diesem Kontext dafür, das eigene Unternehmen und die damit verbundenen Produkte oder Dienstleistungen auf verschiedenen Social-Media-Plattformen zu positionieren und diese untereinander zu verknüpfen. Damit soll sichergestellt werden, dass die Unternehmens- oder Produktpräsentationen einer größeren Menge an Fans und Followern zugänglich gemacht werden. Wenn Sie also (auch unterschiedliche) Inhalte auf den verschiedenen Kanälen präsentieren, steigert das nicht nur die Reichweite, es macht Ihr Unternehmen außerdem authentischer und greifbarer. Die Chancen, überhaupt erst einmal wahrgenommen zu werden, erhöhen sich dadurch um ein Vielfaches.

Andere Seiten liken

Der folgende Hinweis wird für Sie auf den ersten Blick möglicherweise ein wenig paradox klingen. Warum sollten Sie andere Unternehmen liken? Ist das nicht geschäftsschädigend? Das mag Ihnen im ersten Moment tatsächlich so vorkommen, aber liken Sie andere Unternehmen! Insbesondere in der schwierigen Anfangsphase, in der es noch hauptsächlich darum geht, Likes, Follower und damit potentielle Kunden zu generieren, kann dies durchaus ein äußerst hilfreiches Unterfangen sein. Folgen Sie auf Instagram ruhig Seiten, die in dem Bereich arbeiten, in dem auch Sie ihr Unternehmen positionieren wollen. Auch die Verlinkung der Produkte anderer Unternehmen, falls diese auf Ihren Bildern erscheinen, ist eine durchaus übliche Vorgehensweise. Falscher Stolz und das eigene Ego sind hier klar fehl am Platz. Sinn der Übung soll sein, neue Likes, Herzchen und Follower zu generieren.

KAPITEL 6
GRUNDSÄTZLICH GILT…

Nachdem wir uns nun einige der beliebtesten Strategien angeschaut haben, mit denen viele große Unternehmen über Instagram arbeiten, möchten wir uns jetzt einigen elementaren Dingen zuwenden, die Sie bei einer geschäftlichen Nutzung von Instagram wissen sollten.

Strikte Trennung von privatem und geschäftlichem Account

Sollten Sie bereits ein privates Profil bei Instagram haben, ist die Verlockung zunächst natürlich groß, dieses einfach auch für die geschäftlichen

Interaktionen zu benutzen. Auch wenn dies aus Bequemlichkeit noch immer hier und da auf diese Weise gehandhabt wird, ist davon dringend abzuraten. Keinen Kunden geht es etwas an, was Sie in Ihrer Freizeit machen. Als Unternehmen müssen Sie eine gewisse Seriosität und Souveränität ausstrahlen. Wenn ihr privater Account nun mit dem geschäftlichen gemischt wird, haben Sie unter Umständen zwischen Unternehmensnews und Produktbeschreibungen die Fotos Ihrer letzten durchzechten Nacht mit Kumpels, Bilder vom letzten Badeurlaub oder eine Pose mit ihrem neuen Auto. Das mag zunächst ganz witzig klingen, seien Sie sich aber sicher, dass es das nicht ist. Solche Sachen wirken weder seriös noch souverän und die Glaubwürdigkeit Ihres Unternehmens ist dadurch angekratzt.

Besonders kritisch ist es, wenn in eines Ihrer Fotos ein politisches Statement welcher Art auch immer hineininterpretiert wird. Wenn Menschen sich dadurch auf den Schlips getreten fühlen, kann dies für

Sie existenzbedrohende Folgen haben. Hierbei müssen Sie sich nicht einmal bewusst in irgendeiner politischen Richtung positioniert haben. Fehlinterpretationen sind dafür völlig ausreichend. Und da Sie nie wissen, wie andere Personen gewisse Sachen aufnehmen, sollten Sie gänzlich darauf verzichten, private Inhalte in Ihren Instagram-Auftritt einfließen zu lassen. Möglicherweise tragen Sie auf einem privaten Bild ein T-Shirt der Marke Londsdale. Während Sie diese Kleidungswahl völlig ohne jedweden Hintergedanken getroffen haben, wird vielen auffallen, dass Sie hier ein Kleidungsstück eines Herstellers tragen, welcher mit der rechten Szene in Verbindung gebracht wird. Mit einem unbedachten Foto haben Sie damit unter Umständen Ihr Unternehmen negativ stigmatisiert und in existenzielle Schwierigkeiten gebracht. Vielleicht teilen Sie auch einfach nur ein Foto eines witzigen Spruches. So, wie es auf Facebook und Co. Gang und Gäbe ist. Andere Leute könnten eventuell rassistische, sexistische oder wie auch immer geartete negative Botschaften daraus herauslesen. Oder Sie halten stolz die neue CD Xavier Naidoos in den Händen, während Sie mit einem erhobenen Daumen in die Kamera lächeln. Einfach nur, weil Sie seine Musik mögen.

Welche Folgen das dieser Tage haben kann, können Sie sich sicher denken, da Naidoo sich aktuell mit Vorwürfen konfrontiert sieht, rechtsextremistisches Gedankengut in seinen Songs zu verpacken. Die Folgen für Ihr Unternehmen können verheerend sein. Und das, obwohl Sie niemals böse Absichten hatten. Sie haben das T-Shirt schließlich nur getragen, weil es Ihnen gefallen hat, Sie haben den Witz nur gepostet, weil er eben witzig war und Sie haben sich lediglich über die Xavier Naidoo-CD gefreut, weil Ihnen seine Musik gefällt. Sie sehen also, sie können einfach nicht in die Köpfe der Menschen hineinschauen, die Ihre Postings sehen und Sie wissen daher auch nicht, was diese Leute in Ihre Beiträge hineininterpretieren. Um das enorme Risiko eines irreparablen Imageschadens durch Fehlinterpretationen bereits im Keim zu ersticken, ist es absolut notwendig, den privaten vom geschäftlichen Account strikt zu trennen. Wenn Sie also bereits über ein privates Konto bei Instagram verfügen, erliegen Sie nicht der Verlockung, auch geschäftliche Inhalte auf diesem zu teilen. Lassen Sie Ihren privaten Account den Zweck erfüllen, für den Sie ihn einst erstellt haben. Und zwar für das Posten privater Angelegenheiten. Machen Sie sich die Mühe, für ihr Unternehmen ein Konto bei Instagram zu eröffnen, was ausschließlich geschäftlich genutzt wird. Es lohnt sich!

Wenn Sie sich nun einen rein für den geschäftlichen Gebrauch angedachten Account bei Instagram angelegt haben, sollten Sie diesen so umfangreich wie möglich weitergeben. Ein Link auf Ihrer Website, eine Verknüpfung auf Ihrem Facebook-Profil, ein QR-Code auf Ihren Flyern. All das trägt dazu bei, den nötigen Traffic aufzubauen, um Follower für sich gewinnen zu können. Sie können das beste Produkt der Welt haben, es wird Ihnen nichts nützen, wenn es niemand wahrnimmt. Sorgen Sie also für Aufmerksamkeit. Beachten Sie, dass Ihre Seite für Besucher ansprechend gestaltet sein muss. Die Optik spielt hierbei eine elementare Rolle. Interessante Bilder, auf denen Ihre Dienstleistungen oder

Produkte gut zur Geltung gebracht werden, sind Grundvoraussetzung für das Generieren von neuen Kunden.

Stetige Bewegung auf Ihrem Account

Um Ihren Followern zu signalisieren, dass ihr Account up to date ist und Ihr Unternehmen sich ständig in Bewegung befindet, sollten Sie für regelmäßige Postings Sorge tragen. User wenden sich vergleichsweise schnell von einem Instagram-Account ab, wenn die Intervalle von Beitrag zu Beitrag zu groß sind. Nur einmal in der Woche etwas zu veröffentlichen, kann Ihnen schon wertvolle Follower kosten. Erinnern Sie sich; Follower können potentielle Kunden sein oder potentielle Influencer. Oftmals sogar beides in Personalunion. Regelmäßiges Posten hält Sie im Rennen beim Kampf um jeden Klick. Wie oft allerdings genau gepostet werden sollte, dafür gibt es kein Patentrezept. Allerdings hat sich eine Postingfrequenz von wenigstens einem Beitrag pro Tag als recht hilfreich erwiesen.

Vollständiges Profil

Je mehr ein User über Ihr Unternehmen weiß, umso greifbarer, umso authentischer ist es für Ihn. Achten Sie also darauf, Ihr Profil so umfangreich wie möglich auszufüllen. Aus unerklärlichen Gründen wird diese Option oftmals regelrecht stiefmütterlich behandelt. Begehen Sie nicht den gleichen Fehler und vernachlässigen Sie unter keinen Umständen die Möglichkeiten, die Ihnen ein vollständig ausgefülltes Profil bietet. Je mehr Optionen Sie dem Betrachter Ihrer Seite geben, sich mit ihrem Unternehmen zu identifizieren, umso höher ist die Chance, diesen als Follower für sich zu gewinnen. Sie wissen; Follower = potentieller Kunde = potentieller Influencer. Ein weiterer positiver Effekt beim Ausfüllen des Profils ist der, dass Sie hier geschickt bestimmte Keywords einbauen können, wodurch Ihre Seite leichter gefunden werden kann.

Beschäftige deine Follower

Damit Sie für Ihre Gefolgschaft nicht nur eine sterile, anonyme Produktpräsentation sind, empfiehlt es sich, sich selbst einzubringen. Starten Sie so etwas wie Umfragen, experimentieren Sie mit Hashtags, kommentieren Sie auch selbst Bilder und anderer Leute Kommentare auf Ihrer Seite. Das macht Sie für Ihre Follower wieder greifbarer, „menschlicher". Sie sind für den Betrachter mehr als ein unnahbarer Markenname. Sie sind gewissermaßen identifizierbar. Damit werden Interaktionen gepusht, was wiederum für zusätzliche Bewegung sorgt.

Nicht zu viele Beiträge

Wie oben bereits angedeutet, ist es von enormer Bedeutung, das richtige Maß bei der Postingfrequenz zu finden. Wir wissen; zu wenige Beiträge führen dazu, dass Ihre Follower das Interesse verlieren und Sie für diese irgendwann nicht mehr relevant sind. Das heißt allerdings nicht im Umkehrschluss, dass Sie umso wichtiger sind, je mehr Postings Sie veröffentlichen. Diesem Trugschluss sitzen nach wie vor viele Menschen auf und posten, was das Zeug hält. Viel hilft aber eben nicht immer viel und wenn durch Ihr Postingverhalten ein Beitrag den nächsten jagt, kann sich der Betrachter davon förmlich erschlagen fühlen und wird sich möglicherweise von Ihnen distanzieren.

Wertvolle Inhalte

Ergänzend zu dem vorherigen Punkt sei Ihnen noch folgender Ratschlag ans Herz gelegt. Nicht die Quantität ist wichtig, sondern die Qualität. Wenn Sie etwas posten, achten Sie darauf, dass sich für Ihre Follower daraus ein gewisser Mehrwert ergibt. Belanglose Inhalte zu veröffentlichen, um die Postingfrequenz künstlich hoch zu halten, wird sich auf Dauer als kontraproduktiv erweisen. Der Betrachter Ihrer Seite wird sich nicht ewig langweilige und wertlose Postings anschauen, die ihn nicht interessieren und sich irgendwann abwenden. Veröffentlichter Content muss fesselnd sein und dem User Lust auf mehr machen. Im Zweifelsfall posten

Sie also lieber etwas weniger, dafür aber mit mehr Substanz.

Kein automatisiertes Posten

Viele Unternehmen, die mit einem entsprechenden Konto auf Instagram vertreten sind, versuchen, sich mit der Nutzung von Programmen für automatisches Liken und Kommentieren die Arbeit zu erleichtern. Mittlerweile sind solche Vorgehensweisen aber auch für User sehr schnell zu identifizieren und Ihr Ansehen wird dadurch erheblich geschmälert. Die Nutzung eines solchen Programmes vermittelt Ihren Followern nämlich das Gefühl, dass sie es Ihnen nicht wert sind, sich persönlich einzubringen und das Bestücken der Instagramseite lediglich als lästige Pflicht eingestuft wird. Verzichten Sie unbedingt auf solche halbgaren Lösungen. Sie tun sich damit mittel- und langfristig keinen Gefallen.

Multiplikatoren

Für das langfristige Generieren von Followern mit dem Ziel einer höheren Reichweite, ist es nicht unüblich, sogenannte Multiplikatoren einzusetzen. Speziell bei vielen Bloggern ist zu beobachten, dass gesponserte Posts veröffentlicht werden und in dem Zusammenhang Produkte getestet und im Anschluss beworben werden. Ein Unternehmen lässt dem Multiplikator für diesen Zweck eines seiner Produkte gratis zukommen und profitiert von dessen Reichweite und Reputation.

Kundenzufriedenheit

Wenn man aller Welt die Vorteile der eigenen Produkte vermitteln möchte, muss man die eigenen Vorschusslorbeeren natürlich auch untermauern können. Fotos von zufriedenen Kunden, die diesen in Verbindung mit der in Anspruch genommenen Dienstleistung zeigen, sind hier Gold wert. So kann beispielsweise ein Autotuner Bilder seiner aufgerüsteten Fahrzeuge hochladen. Idealerweise mit dem dazugehörigen Kunden, der womöglich mit einem erhobenen Daumen vor seinem neuen Schmuckstück posiert und in die Kamera lächelt. Auch der Friseur, der seinen zufriedenen Kunden mit der neuen trendigen Frisur ablichtet, ist für diese Vorgehensweise geradezu prädestiniert.

Hier wird nicht (wie etwa bei einem Werbespot) eine fiktive Story erzählt, die nur schwer nachzuprüfen ist. Hier wird nicht die eigene Dienstleistung über den grünen Klee gelobt ohne nachweisbare Fakten. Stattdessen wird hier für jedermann öffentlich zugänglich die alltägliche Arbeit gezeigt. Das Tagesgeschäft wird mit echten authentischen Resultaten auf Bildern festgehalten. So kann der geneigte Instagram-User realistische Ergebnisse sehen und ist nicht darauf angewiesen, was ihm ein aufwendig inszenierter Werbespot glauben machen will. Die überaus hohe Authentizität ist bei dieser Methode der Trumpf, der ausgespielt werden kann. Doch wo Licht ist, ist auch Schatten und so gibt es auch bei dieser Strategie einen kleinen Haken. Ein unmittelbarer Kundenkontakt ist hier ebenso erforderlich, wie dessen Zustimmung zur Nutzung der Bilder für diese Zwecke

KAPITEL 7
FAZIT

Was bleibt jetzt also unterm Strich stehen? Was kann zusammenfassend festgehalten werden und welche Schlüsse lassen sich ziehen? Instagram ist und bleibt eine der wichtigsten Seiten, wenn es um soziale Netzwerke geht. Kaum ein Unternehmen (auch Ihres nicht) kommt daran vorbei, sich auf Instagram mit Informationen über das Unternehmen selbst und seine Produkte oder Dienstleistungen zu positionieren. Instagram ist sicherlich nicht das Allheilmittel oder der heilige Gral in puncto Marketing. Aber es ist einer der fast schon unverzichtbaren Puzzleteile, die zusammen mit all den anderen Komponenten, mit denen sich Ihr

Unternehmen am Markt darstellt, ein Gesamtbild Ihrer Firma und Ihren Produkten ergibt. Instagram ist ein gutes Hilfsmittel, welches Ihnen dabei helfen kann, Ihrem Unternehmen ein Gesicht zu geben und Kunden oder Unterstützer zu gewinnen. Ebenso kommen durch Netzwerke wie dieses nicht selten Kooperationen mit anderen Unternehmen zustande, mit welchen Sie eventuell in einer gegenseitigen Win-Win-Situation zusammenarbeiten und voneinander profitieren können. Der Nutzen von Instagram geht also weit über das posten von Urlaubsfotos und dergleichen hinaus. Wenn Sie die Tipps in diesem Buch beherzigen, können Sie Kontakte aller Art knüpfen, die Ihnen in verschiedener Weise helfen können. So spinnen Sie sich im Laufe der Zeit ein Netzwerk aus Kunden, Unterstützern und Geschäftspartnern.

Im folgenden Online-Seminar findest du hilfreiche Unterstützung. Homepage lautet -- bit.ly/2otIOES

Ihr Daniel Baum

RECHTLICHES UND IMPRESSUM

Die Inhalte dieses Buches wurden anhand von anerkannten Quellen recherchiert und mit hoher Sorgfalt geprüft. Der Autor übernimmt dennoch keinerlei Gewähr für die Aktualität, Richtigkeit und Vollständigkeit der bereitgestellten Informationen. Haftungsansprüche gegen den Autor, welche sich auf Schäden gesundheitlicher, materieller oder ideeller Art beziehen, die durch die Nutzung oder Nichtnutzung der dargebotenen Informationen bzw. durch die Nutzung fehlerhafter und unvollständiger Informationen verursacht wurden, sind grundsätzlich ausgeschlossen, sofern seitens des Autors kein nachweislich vorsätzliches oder grob fahrlässiges Verschulden vorliegt. Dieses Buch ist kein Ersatz für medizinische und professionelle Beratung und Betreuung.

Dieses Buch verweist auf Inhalte Dritter. Der Autor erklärt hiermit ausdrücklich, dass zum Zeitpunkt der Linksetzung keine illegalen Inhalte auf den zu verlinkenden Seiten erkennbar waren. Auf die verlinkten Inhalte hat der Autor keinen Einfluss. Deshalb distanziert der Autor sich hiermit ausdrücklich von allen Inhalten aller verlinkten Seiten, die nach der Linksetzung verändert wurden. Für illegale, fehlerhafte oder unvollständige Inhalte und insbesondere für Schäden, die aus der Nutzung oder Nichtnutzung solcherart dargebotener Informationen entstehen, haftet allein der Anbieter der Seite, auf welche verwiesen wurde, nicht aber der Autor dieses Buches.

1. Auflage

DiGi Generation
Rodensteinstraße 22
64625 Bensheim

10398662R00030

Printed in Germany
by Amazon Distribution
GmbH, Leipzig